westermann

W0288521

Richtig schreiben

Erarbeitet von

Dominique Bielau
Elke Krutz
Insa Scheller
Sabine Wolff-Stamer

in Zusammenarbeit mit der
Westermann-Grundschulredaktion

Unter Beratung von

Heike Baligand
Angelika Föhl
Tanja Holtz
Nadine Pistor

Illustriert von

Anke am Berg, Barbara Jung,
Karoline Kehr, Sabine Kranz

Flex und Flora C

Deutsch inklusiv

Inhaltsverzeichnis

Datum: ____________

Datum: ____________

Seite

Datum: ____________

1 Welche Bilder sind wie das 1. Bild?
Schau genau. Kreise ein.

2 Welche Zeichen sind wie das 1. Zeichen?
Schau genau. Kreise ein.

3 Welche Buchstaben sind wie der 1. Buchstabe?
Schau genau. Kreise ein.

O | O E E A O U A O O

M | W W N M N M W N M

Datum: ____________

1 Sprich die Wörter für die Bilder deutlich.
Welche Wörter fangen mit **A** an? Kreuze an.

☐ ☐ ☐ ☐ ☐ ☐

2 Sprich die Wörter für die Bilder deutlich.
Welche Wörter fangen mit **P** an? Kreuze an.

☐ ☐ ☐ ☐ ☐ ☐

3 Sprich die Wörter für die Bilder deutlich.
Welche Wörter fangen mit **D** an? Kreuze an.

☐ ☐ ☐ ☐ ☐ ☐

4 Sprich die Wörter für die Bilder deutlich.
Welche Wörter fangen mit **K** an? Kreuze an.

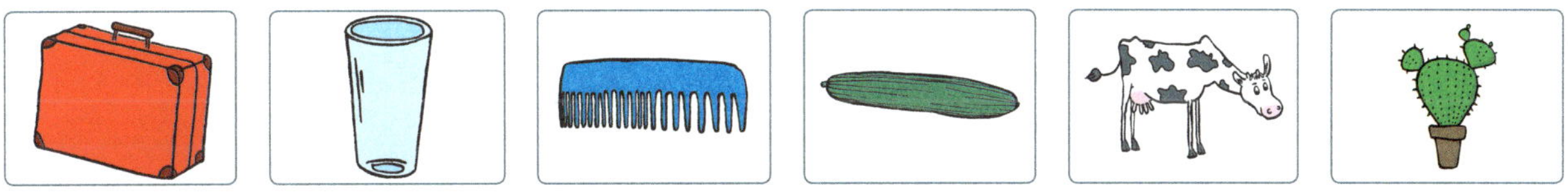

☐ ☐ ☐ ☐ ☐ ☐

Datum: ______________

1 Schreibe die fehlenden Buchstaben.

 Hut

 ___lex

 ___rm

 ___ach

 ___uch

 ___und

2 Lies die Wörter einem Partnerkind vor.

____

Unterschrift Partnerkind

3 Schreibe die fehlenden Buchstaben.

 ___ose

 ___sel

 ___ase

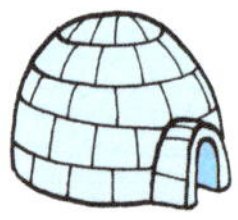 ___glu

 ___ofa

 ___ampe

4 Lies die Wörter einem Partnerkind vor.

____

Unterschrift Partnerkind

Anlaute deutlich sprechen
Anfangsbuchstaben schreiben

Datum: ____________

1 Verbinde.

Pin	So	Lei	Ra	Lu
fa	sel	be	ter	pe

2 Lies die Wörter einem Partnerkind vor.

____

Unterschrift Partnerkind

3 Sprich deutlich.
Schreibe die erste Silbe.

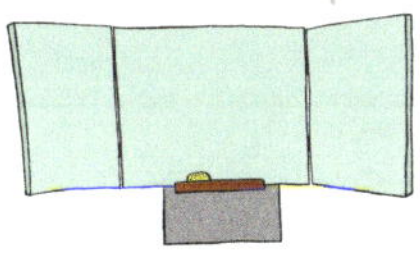	Tafel	____fel
	Insel	____sel
	Blume	____me
	Tomate	____mate

4 Lies die Wörter einem Partnerkind vor.

____

Unterschrift Partnerkind

Abschreiben mit Silbenbögen

Datum: ____________________

1 Lies und sprich mit. Setze Silbenbögen.
Schreibe Silbe für Silbe ab.

Sofa

Sofa

Rose

Rose

Tante

Tante

Telefon

Telefon

Erklärvideo *Silben schwingen*, siehe Handreichung, Kap. 1.1.4

Ideen zum Einsatz des Tablets, siehe Handreichung, Kap. 1.3

Eine Abschreibtechnik kennenlernen
Wörter Silbe für Silbe abschreiben

Mit Silbenbögen kontrollieren

Datum: ____________

1 Lies und sprich mit. Setze Silbenbögen.
Schreibe Silbe für Silbe ab.
Kontrolliere mit Silbenbögen.

Ente

Ente

Gabel

Gabel

2 Lies und sprich mit. Setze Silbenbögen.
Schreibe Silbe für Silbe ab.
Kontrolliere mit Silbenbögen.

Nase

Löwe

Wolke

Pinsel

holen

schlafen

Wörter durch Sprechen strukturieren
Silbenbögen selbstständig setzen
Wörter richtig schreiben

Mit dem Abschreibpfeil arbeiten

1 Sprich deutlich. Setze Silbenbögen.
Schreibe Silbe für Silbe ab. Benutze den Abschreibpfeil.

Auge

Blume

fragen

Papagei

Auge,

2 Schreibe 2 Wörter noch einmal ab und zeige einem Partnerkind, wie du den Abschreibpfeil benutzt und abschreibst.

____
Unterschrift Partnerkind

Eine Abschreibstrategie anwenden
Den Abschreibpfeil beim Abschreiben nutzen

Datum: ____________

3 Benutze den Abschreibpfeil und schreibe die Einkaufsliste ab.

Meine Pizza

Käse

Salami

Paprika

Tomate

Peperoni

Meine Pizza

Kä

4 Schreibe auf ein Blatt Papier ab. Benutze den Abschreibpfeil.

Salat mit Tomaten finde ich super.

Wörter mit St st schreiben ...

Datum: ______________

1 Sprich die Wörter für die Bilder deutlich.
Lies die Wörter und verbinde.

Stein	Stall	Stempel	Stern

Wenn du scht hörst, dann schreibst du das Wort mit **St st**: Stein, stark, ...

2 Lies die Wörter mit **St st** und schreibe. Markiere alle **St st**.

Stiefel	stark	Stuhl	Straße

 Stiefel

 ______________

 ______________

 ______________

Sprech- und Schreibweise von St/st durch Sprechen und Hören bewusst machen
Phonologische Regelhaftigkeit bei St/st erkennen
Wörter mit St/st schreiben und in Sätze einfügen

Datum: ____________________

3 Sprich die Wörter für die Bilder deutlich.
Lies die Wörter und verbinde.

Spinne	Spiel	Spiegel	Specht

Wenn du **schp** hörst, dann schreibst du das Wort mit **Sp sp**: Spinne, spitz, ...

4 Lies die Wörter mit **Sp sp** und schreibe. Markiere alle **Sp sp**.

Spiel	spitz	Sport	Spinne

 Spinne

 ____________________

 ____________________

 ____________________

1 Markiere **St st**. Sprich die Wörter deutlich.

Strand stark Stern

Stunde Stall still

2 Lies die Wörter einem Partnerkind vor.

____

Unterschrift Partnerkind

3 Lies die Wörter mit **St st** und schreibe sie in die Sätze.
Markiere alle **St st**.

Stall stark Stern Stein

Die Ziege ist im  Stall .

Der  ______ leuchtet hell.

Der große  ______ ist schwer.

Das Mädchen ist mutig

und  ______ .

1 Schneide
die blauen Karten aus.

2 Suche dir ein Partnerkind.
Spielt mit den blauen Karten.
Dein Partner liest ein Wort vor,
du suchst das Bild und sprichst
das Wort. Wechselt euch ab.

____

Unterschrift Partnerkind

3 Schreibe die Wörter
von den blauen Karten ab.
Markiere **Sp sp**.

Spinne

Spinne	Sport
spitz	Specht
spielen	Spiegel

Datum: ____________

Stall	Spinat
Strand	springen
stark	Spritze

	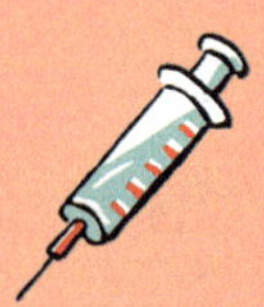

1 Suche dir ein Partnerkind.
Spielt mit den roten Karten.
Dein Partner liest ein Wort vor,
du suchst das Bild
und sprichst das Wort.
Wechselt euch ab.

____
Unterschrift Partnerkind

2 Schreibe die Wörter
von den roten Karten ab.
Markiere **Sp sp** und **St st**.

Stall

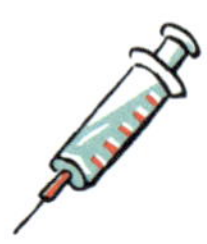

Wörter mit St/st und Sp/sp am Wortanfang deutlich sprechen
Handlungsorientiert Wörter mit St/st und Sp/sp Bildern zuordnen
Wörter mit St/st und Sp/sp schreiben

Datum: ______________

1

Lies den Text. Markiere alle Wörter mit **St st** oder **Sp sp**. Es sind 5.
Sprich die Wörter deutlich.

Am Strand weht starker Wind.

Die Kinder spielen mit Steinen.

Sie finden das windige Wetter spitze.

2

Schau genau und markiere **St st** oder **Sp sp**.
Schreibe die Wörter geordnet.

~~Strand~~	Spinne		springen
Stern	stark	Stall	Spaß
Spritze	streicheln		spitz

St st	Strand,
Sp sp	

Wörter mit ie schreiben

Datum: ____________

1 Sprich die Wörter für die Bilder deutlich.
Lies die Wörter und verbinde.

Bie ne | Flie ge | Rie se | Zie ge

Wenn du den Selbstlaut **i** lang sprichst, schreibst du meistens die Buchstaben **ie**: Biene, spielen, viele, …

2 Lies die Wörter mit **ie** und schreibe. Markiere alle **ie**.

~~Stiefel~~
sieben
Wiege

 Stiefel

 ____________

 ____________

Ideen zum Einsatz des Tablets, siehe Handreichung, Kap. 1.3

Für Wörter mit ie sensibilisiert werden
Sprech- und Schreibweise von ie durch Sprechen und Hören bewusst machen. Wörter mit ie schreiben

Datum: ____________

1

Sprich die Wörter deutlich.
Markiere alle **ie**. Setze Silbenbögen.

Tie re	frie ren	Spie gel
Lie der	wie gen	vie le

2

Lies die Wörter
einem Partnerkind vor.

____
Unterschrift Partnerkind

3

Lies die Wörter mit **ie**.
Schreibe die Wörter zu den Bildern. Markiere alle **ie**.

Wiese
~~gießen~~
Fliege
Spiegel
Biene

gießen

____

____

____

____

Wörter mit ie lesen und als Regelschreibung wahrnehmen
Silbenbögen unter zweisilbige Wörter mit ie setzen
Wörter mit ie schreiben

Wörter mit ie schreiben

Datum: ____________

1 Lies die Wörter und schreibe.

Riese
spielen
~~Diebe~~
Briefe
Tiere

Diebe

____

____

____

____

2 Lies die Sätze und schreibe.

~~Tiere~~	Briefe	spielen	Diebe	Riese

Im Zoo gibt es viele Tiere.

Bara will mit Tom ____________.

Die Polizei sucht die ____________.

Im Wald lebt ein großer ____________.

Im Postkasten waren sieben ____________.

1 Schneide die lila Karten und die grünen Karten aus.

2 Schau dir die Karten mit einem Partnerkind an. Legt zuerst eine lila Karte, dann eine grüne Karte. Bildet Wörter.

____

Unterschrift Partnerkind

3 Welches Wort kannst du mit den lila Karten und den grünen Karten bilden? Kreuze an.

☐ Liebe ☐ sieben

4 Bilde mit den lila Karten und den grünen Karten noch 2 Wörter. Schreibe.

____

____

Lie	Spie
Sie	Fie
Zwie	Flie
ger	ber
gel	bel
ge	be

Handelnd Wörter mit ie bilden 2

Datum: ______________

rie	spie
bie	krie
gie	frie
gen	ren
ten	chen
len	ßen

1 Schau dir die roten Karten und die blauen Karten mit einem Partnerkind an. Legt zuerst eine rote Karte, dann eine blaue Karte. Bildet Wörter.

____

Unterschrift Partnerkind

2 Welche Wörter kannst du mit den roten Karten und den blauen Karten bilden? Kreuze an.

- ☐ frieren
- ☐ spielen
- ☐ kriegen
- ☐ schieben

3 Bilde mit den roten Karten und den blauen Karten noch 2 Wörter. Schreibe.

Wörter mit ie lesen und als Regelschreibung wahrnehmen
Handlungsorientiert zweisilbige Wörter bilden und aufschreiben

Datum: ____________

1 Male die Felder mit **ie**-Wörtern grün an.
Male die anderen Felder blau an.

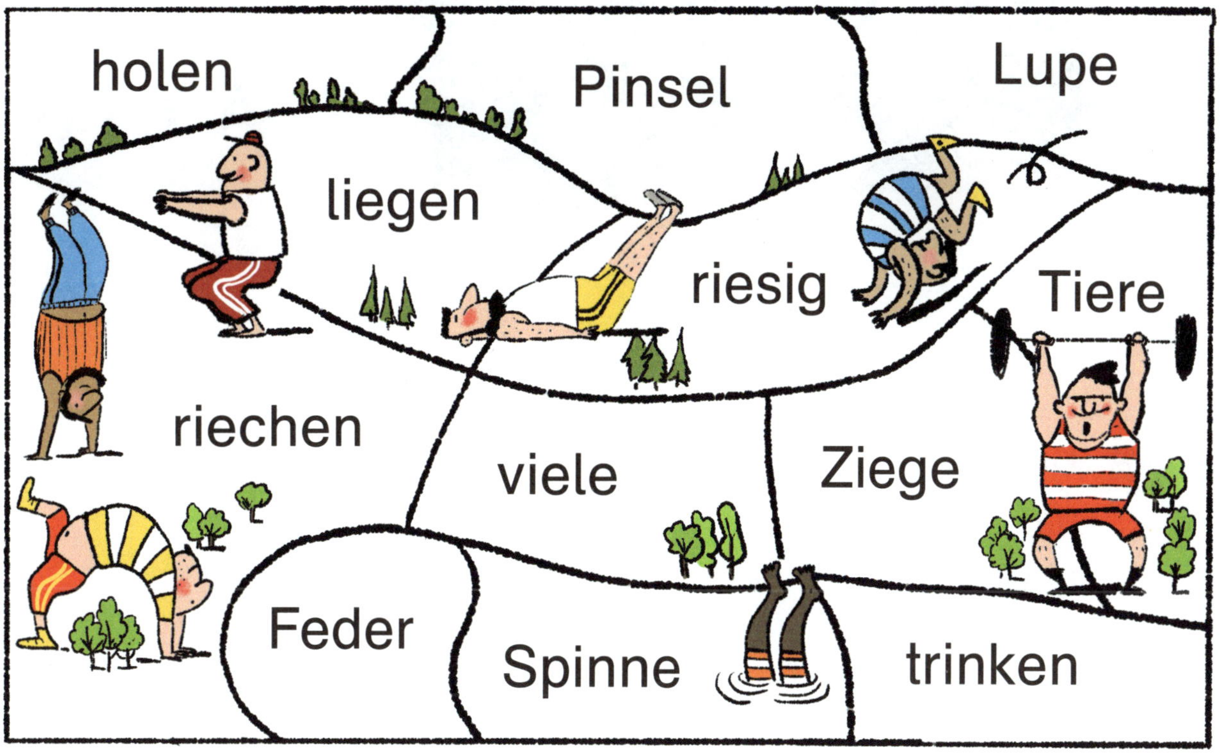

2 Sprich deutlich.
Markiere alle **ie**. Es sind 6.

Wo spielen unsere sieben Riesen?

Turnen sie zufrieden auf den Wiesen?

3 Schreibe die **ie**-Wörter aus dem Reim ab.

spielen,

Wörter mit ie lesen und erkennen
Phonologische Regelhaftigkeit für ie festigen
Wörter mit ie abschreiben

Mit der Wörterliste arbeiten

Datum: ______________

A a

aber
der Affe
alt
die Ampel
an
der Apfel
der Ast

1 Das ist ein Teil der Wörterliste. Lies und verbinde die Bilder mit dem Wort.

2 Schreibe die Wörter zu den Bildern. Schau oben in den Teil der Wörterliste.

Ast
____
____

In der Wörterliste sind die Wörter nach dem **ABC** geordnet. Da kannst du nachschlagen, wie ein Wort geschrieben wird.

Ideen zum Einsatz des Tablets, siehe Handreichung, Kap. 1.3

Die Wörterliste kennenlernen
Wörter in einem Ausschnitt der Wörterliste finden und abschreiben

Datum: ____________________

1

Lies und
schreibe das Wort zum Bild.

Rad

R r 

das **Rad**
der **Regen**
riesig
der **Roller**
rufen

2

Lies und
schreibe das Wort zum Bild.

Sonne

S s 

sagen
das **Schaf**
sehen
sie
die **Sonne**
das **Spiel**
der **Stern**
die **Suppe**

1 Suche **N n** und **P p** in der Wörterliste.
Welche Wörter fehlen? Schreibe.

N n

die **Nase**

der ______________

nicht

die ______________

nur

P p

das **Papier**

das ______________

der ______________

der ______________

die ______________

2 Suche **D d** und **Z z** in der Wörterliste. Schreibe die Wörter ab.

D d

das **Dach**

____

der ______________

der **Donnerstag**

drei

Z z

der ______________

das ______________

die ______________

der ______________

zwei

Datum: ______________

1 Schau genau.
Welche Wörter mit **E e** findest
du in der Wörterliste auf Seite 2?
Kreuze an. Es sind 4.

- ☐  Eis
- ☐  Elefant
- ☐  Elfe
- ☐  Ente
- ☐  Esel
- ☐  Eule

2 Suche die Wörter auf Seite 4 der Wörterliste.
Schreibe ab.

 Mädchen

 ______________

 ______________

 ______________

3 Suche die Wörter auf Seite 3 der Wörterliste.
Schreibe ab.

 Löwe

 ______________

 ______________

 ______________

Datum: ____________

1 Auf welcher Seite der Wörterliste findest du die Buchstaben? Schreibe die Seitenzahl.

	Seite		Seite		Seite
P p	4	**C c**		**S s**	
K k		**F f**		**U u**	

2 Markiere zuerst die Anfangsbuchstaben.
Suche die Wörter in der ganzen Wörterliste.
Schreibe die Seitenzahl.

	Seite		Seite
Ast	1	Hund	
Onkel		rufen	
Dach		groß	
Telefon		Urlaub	
ich		Pferd	

Anfangsbuchstaben in der ganzen Wörterliste suchen
Wörter in der Wörterliste suchen
Die Seitenzahl aufschreiben

Datum: ____________

3

Lies die Sätze.
Suche die Wörter für die Bilder in der Wörterliste. Schreibe.

Der  Mond scheint hell.

Der  ______ bellt laut.

Das  ______ steht offen.

Der  ______ ist nass.

4

Welcher Buchstabe fehlt? Suche die Wörter in der Wörterliste.
Schreibe die Buchstaben und die Seitenzahl.

Mag ☐ eder ☐ unge gern ☐ oghurt?

Seite ☐

5

Schreibe einen Satz mit vielen gleichen Anfangsbuchstaben.
Markiere die gleichen Anfangsbuchstaben.
Benutze die Wörterliste.

____

____

Wörter zu Bildern in der Wörterliste suchen
Wörter mit gleichen Anfangsbuchstaben in der Wörterliste suchen und ergänzen
Mithilfe der Wörterliste einen Satz mit gleichen Anfangsbuchstaben schreiben

Ri4

Merkwörter üben

Datum: ____________

1 In diesen Wörtern ist eine schwierige Stelle markiert.
Schreibe die Wörter 5-mal untereinander.
Markiere die schwierige Stelle.

Vogel

Vogel

V

Geld

2 Suche dir ein Partnerkind.
Überprüft deine Wörter.

____
Unterschrift Partnerkind

Ideen zum Einsatz des Tablets, siehe Handreichung, Kap. 1.3

Wörter durch häufiges Schreiben üben
Fehlersensibilität anbahnen
Geübte Wörter kontrollieren und erste Rechtschreibgespräche führen

Schwierige Stellen markieren

Datum: ______________

1 In jedem Kasten ist eine schwierige Stelle markiert.
Markiere die schwierige Stelle auch in den anderen Wörtern.

Vater Vater 
Vater *Vater*

boxen boxen 
boxen *boxen*

2 In diesen Wörtern ist eine schwierige Stelle markiert.
Schreibe die Wörter 5-mal untereinander.
Markiere die schwierige Stelle.

 Haare

 Kuh

3 Suche dir ein Partnerkind.
Überprüft deine Wörter.

____
Unterschrift Partnerkind

Datum: ____________________

1

a) Kreuze 2 Wörter an, die du üben möchtest.

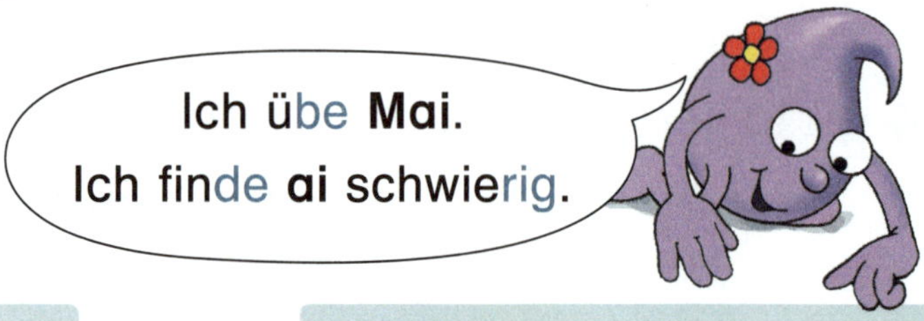

- ☐ März
- ☐ Mai
- ☐ heißen
- ☐ ohne

b) Schreibe deine Wörter in die grünen Rahmen.
Schreibe sie dann 5-mal untereinander.
Markiere die schwierige Stelle.

2

Suche dir ein Partnerkind.
Überprüft deine Wörter.

____
Unterschrift Partnerkind

Rechtschreibschwierige Wörter auswählen
Wörter durch häufiges Schreiben üben
Geübte Wörter kontrollieren und erste Rechtschreibgespräche führen

3

a) Kreuze 2 Wörter an, die du üben möchtest.

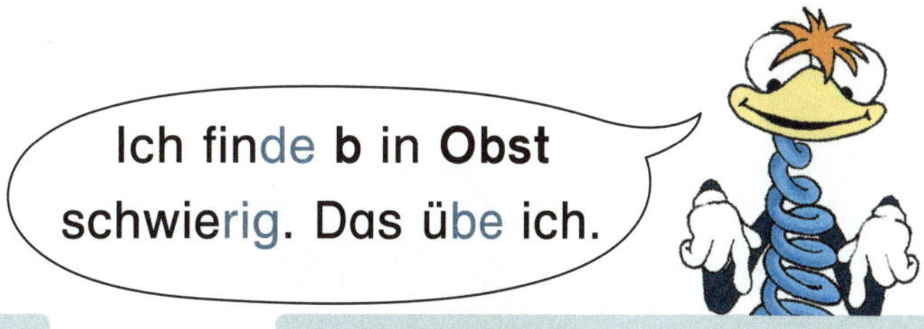

- [ ] Mädchen
- [ ] Obst
- [ ] gehen
- [ ] versuchen

b) Schreibe deine Wörter in die grünen Rahmen.
Schreibe sie dann 5-mal untereinander.
Markiere die schwierige Stelle.

4

Lass dir von einem Partnerkind 3 Wörter diktieren, die du schon geübt hast.
Schreibe sie auf ein Blatt Papier.

____
Unterschrift Partnerkind

Wörter mit ä ableiten …

Datum: ______________

1 Suche dir ein Partnerkind. Sprecht über das Bild.
Was macht die Maschine?

____
Unterschrift Partnerkind

2 Schau genau. Markiere alle **ä**.

ä	ä	a	a	ä	a	ä	ä	ä

3 Lies die Wörter und verbinde.
Markiere **a** und **ä** in den Wörtern.

Kamm	Hand	Mann	Schrank
Hände	Kämme	Schränke	Männer
	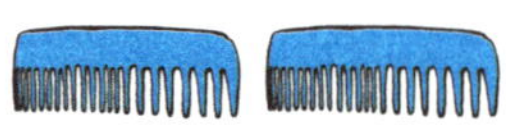		

Du schreibst ein Wort in der Mehrzahl mit ä,
wenn du es in der Einzahl mit a schreibst.
ein Kamm – viele Kämme

Umlaut ä erkennen und markieren
Einzahl und Mehrzahl zuordnen und Veränderungen markieren
Rechtschreibstrategie *Ableiten* kennenlernen

Datum: ____________

1

Setze a und ä in die Wörter ein.
Markiere a und ä in den Wörtern.

 ein M_a_nn →  viele M_ä_nner

 eine G____ns →  viele G____nse

 ein R____d →  viele R____der

 ein S____ft →  viele S____fte

2

Schreibe die Wörter
von Aufgabe 1 ab.

 ein Mann →  viele Männer

 eine ____________ →  viele ____________

 ein ____________ →  viele ____________

 ein ____________ →  viele ____________

3

Markiere a und ä in den Wörtern von Aufgabe 2.

Datum: ____________

1 Schau genau.
Markiere alle **äu**.

äu äu au au äu au äu äu äu

2 Lies die Wörter und verbinde.
Markiere **au** und **äu** in den Wörtern.

Maus | Haus | Baum | Schlauch

Häuser | Mäuse | Schläuche | Bäume

 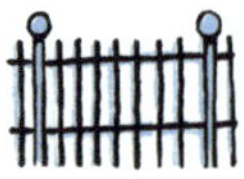  

Kraut | Zaun | Faust | Traum

Zäune | Kräuter | Träume | Fäuste

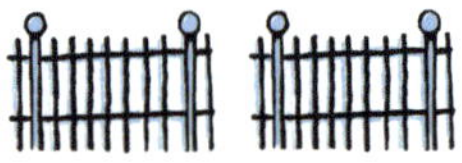   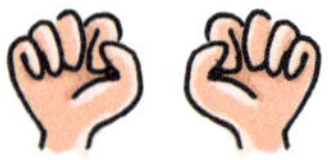

Du schreibst ein Wort in der Mehrzahl mit äu,
wenn du es in der Einzahl mit au schreibst.
ein Baum – viele Bäume
eine Maus – viele Mäuse

Umlaut äu erkennen und markieren
Einzahl und Mehrzahl zuordnen
Rechtschreibstrategie *Ableiten* kennenlernen

Datum: ____________

1 Setze **au** und **äu** in die Wörter ein.
Markiere **au** und **äu** in den Wörtern.

 eine M au s →  viele M äu se

 ein H ___ s →  viele H ___ ser

 eine F ___ st →  viele F ___ ste

 ein Z ___ n → 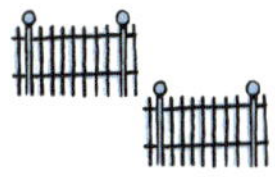 viele Z ___ ne

2 Schreibe die Wörter
von Aufgabe 1 ab.

 eine Maus →  viele Mäuse

 ein ______ →  viele ______

 eine ______ →  viele ______

 ein ______ → 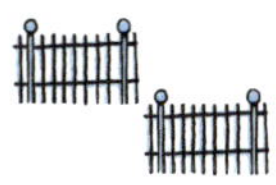 viele ______

3 Markiere **au** und **äu** in den Wörtern von Aufgabe 2.

Nomen großschreiben

Datum: ______________

1 Markiere die Großbuchstaben in den Wörtern.

Mama 	Ente 	Baum 	Heft 
Junge 	Hund 	Blume 	Stift 

2 Verbinde die Bilder mit den Nomen.
Markiere die Großbuchstaben.

Papa	Hase	Blüte	Pinsel

Wörter für Menschen, Tiere, Pflanzen und Dinge nennt man **Nomen**. Nomen schreibst du am Anfang mit einem Großbuchstaben: Mama, Hund, ...

Ideen zum Einsatz des Tablets, siehe Handreichung, Kap. 1.3

Die Großschreibung kennenlernen
Großbuchstaben von Nomen markieren
Nomen Bildern zuordnen

Datum: ______________

1 Schreibe die Nomen ab. Markiere die Großbuchstaben.

Oma

Oma

Bruder

Maus

Delfin

Birne

Tulpe

Tisch

Bank

2 Schreibe die Nomen. Markiere die Großbuchstaben.

~~Tante~~ Gras Lama Zaun

Tante

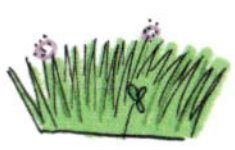

Nomen in der Wörterliste suchen

Datum: ____________

1 Suche diese Nomen bei **G g** in der Wörterliste.
Schreibe. Markiere die Großbuchstaben.

 Gabel

 ____________

 ____________

 ____________

2 Suche diese Nomen in der Wörterliste. Schreibe sie mit der Seitenzahl auf. Markiere die Großbuchstaben.

	Seite
 Mädchen	

3 Suche 2 weitere Nomen in der Wörterliste.
Schreibe sie mit der Seitenzahl auf.

	Seite		Seite

Nomen in der Wörterliste suchen und schreiben
Großbuchstaben von Nomen markieren
Nomen in der Wörterliste erkennen

Datum: ____________

1 Markiere die Großbuchstaben. Kreise die 3 Nomen ein.

klein Ball Freund laufen Wiese

2 Markiere in den Sätzen die Nomen. Benutze den Abschreibpfeil und schreibe die Sätze ab.

Ich treffe einen Freund.
Wir gehen zur Wiese.
Dort spielen wir Ball.

Ich

3 In jedem Satz ist ein Nomen falsch geschrieben. Kreise ein und schreibe richtig.

Die sonne scheint.

Ich spiele mit meinem onkel.

Ein hund läuft auf uns zu.

Sonne

Ri5

Nomen zwischen anderen Wortarten an der Großschreibung erkennen
Sätze mit Nomen abschreiben
Nomen erkennen und verbessern

Satzanfänge großschreiben

Datum: ____________

1 Markiere die Satzanfänge.

Es ist Pause.

Alle Kinder rennen raus.

Die Sonne scheint.

Anne spielt Ball.

Edis tauscht Karten mit Mira.

2 Lies die Sätze einem Partnerkind vor.

____

Unterschrift Partnerkind

Das **erste Wort** in einem **Satz** schreibst du **groß**:
Meine Hose ist blau. Die Kinder spielen im Garten.

Ideen zum Einsatz des Tablets, siehe Handreichung, Kap. 1.3

Großschreibung am Satzanfang kennenlernen
Großbuchstaben am Satzanfang markieren
Sätze vorlesen und als Sinneinheit wahrnehmen

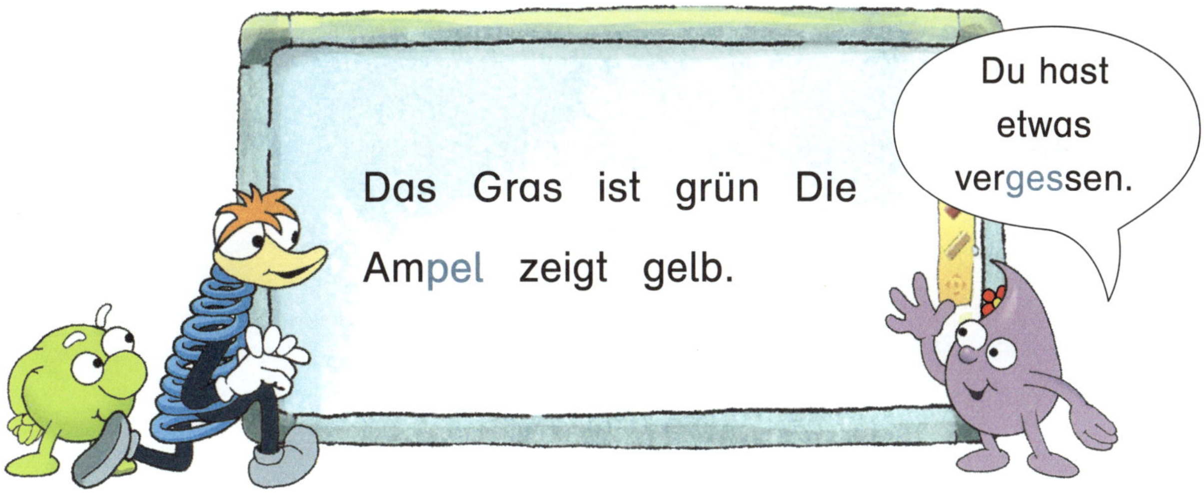

3 Markiere die Punkte am Satzende.

Die Kinder sind in der Schule.

Sie machen Musik.

Alle singen ein Lied.

Felix trommelt.

Ali klatscht dazu.

4 Lies die Sätze einem Partnerkind vor.

____

Unterschrift Partnerkind

Am **Satzende** setzt du einen **Punkt**:
Das Gras ist grün. Die Ampel zeigt gelb.

 Datum: ______________

1 Markiere die Satzanfänge. Schreibe die Sätze ab.

Mein Bruder ist sieben.

____

Ich spiele gern mit Amir.

____

Bei Oma gibt es Nudeln.

____

2 Lies und schreibe die Satzanfänge.

das	~~heute~~	in

Heute ist Mittwoch.

________ der ersten Stunde ist Sport.

________ mag Kira gern.

Großbuchstaben am Satzanfang markieren
Sätze abschreiben
Satzanfänge ergänzen und großschreiben

Punkte setzen und markieren

Datum: ____________

1 Markiere die Punkte.
Schreibe die Sätze ab.

Adam rennt schnell.

Papa kocht Suppe.

Melina isst ein Eis.

2 Lies die Sätze.
Setze Punkte an das Satzende.
Markiere die Punkte.

Roman und Opa sind im Zoo.

Die Pinguine fressen Fische

Ein Affe turnt am Ast

Roman füttert die Ziegen

Datum: ____________

1 Markiere die Satzanfänge und die Punkte am Satzende.

Das Gras ist grün.

Die Ampel zeigt gelb.

Miras Haare sind schwarz.

Ich mag bunte Bilder.

2 Lies die Sätze. Verbessere die Satzanfänge.

A
~~a~~uf dem Hof steht ein Eimer.

die Blätter wehen im Wind.

der Hausmeister fegt das Laub.

3 Lies die Sätze von dieser Seite einem Partnerkind vor.

____

Unterschrift Partnerkind

Satzanfänge und Punkte markieren
Satzanfänge verbessern
Sätze vorlesen und als Sinneinheit wahrnehmen

4 Lies die Sätze.
Setze die Punkte am Satzende.
Es sind 5.

Es ist Sonntag. Mama
sieht einen Film Mein
Bruder liest ein Buch
Papa spielt mit mir
Karten Opa und Oma
spielen mit

5 Lies und schreibe die Satzanfänge. Setze die Punkte.

heute ~~manchmal~~ den an

Manchmal kaufe ich mit Oma ein.
____ wollen wir Gemüse kaufen
____ der Kasse darf ich bezahlen
____ Korb trage ich nach Hause

 Datum: ____________

1 Lies und wähle zu jedem Satzanfang ein Satzende.
Verbinde. Schreibe deine Sätze ab.

Samira	gießt die Blumen.
Mein Freund	fegt die Klasse.
Herr Peters	wischt die Tafel.

Samira

2 Wie hilfst du in der Schule? Schreibe einen Satz.

Satzteile lesen und zu sinnvollen Sätzen verbinden
Sätze abschreiben
Eigene Sätze schreiben und Satzanfang und Satzende richtig schreiben

A a

aber
der **Affe**
alt
die **Ampel**
an
der **Apfel**
der **Ast**
das **Auge**

B b

die **Bank**
das **Bein**
die **Biene**
blau
das **Boot**
der **Brief**
das **Buch**

C c

der **Cent**
der **Clown**
der **Computer**

D d

das **Dach**
denken
der **Dieb**
der
drei

A B C D E F G H I J K L M N O P Qu R S T U V W X Y Z

A B C D E F G H I J K L M N O P Qu R S T U V W X Y Z

E e

das **Eis**
der **Elefant**
die **Ente**
er
essen
die **Eule**

F f

die **Familie**
das **Fenster**
der **Fisch**
die **Fliege**
fragen
der **Fuß**

G g

die **Gabel**
geben
die **Giraffe**
das **Glas**
das **Gold**
groß
die **Gurke**

H h

das **Haar**
das **Heft**
der **Himmel**
holen
der **Hund**

I i

ich
der Igel
ihr
im
in
ist

J j

die Jacke
jeder
der Joghurt
der Junge

K k

die Katze
die Kerze
das Kind
die Klasse
der Knochen
kommen
das Krokodil
die Kuh

L l

lang
der Lehrer
das Lied
der Löwe
die Luft

A B C D E F G H I J K L M N O P Qu R S T U V W X Y Z

A B C D E F G H I J K L M N O P Qu R S T U V W X Y Z

M m

das **Mädchen**
mein
mit
der **Mond**
die **Mutter**

N n

die **Nase**
der **Nebel**
nicht
die **Note**
nur

O o

oben
oder
das **Ohr**
die **Oma**
der **Onkel**
der **Opa**

P p

das **Papier**
das **Pferd**
der **Pinsel**
der **Plan**
die **Puppe**

Qu qu

quaken
die Quelle
quieken

R r

das Rad
der Regen
riesig
der Roller
rufen

S s

sagen
das Schaf
sehen
sie
die Sonne
das Spiel
der Stern
die Suppe

T t

der Tag
das Telefon
das Tier
die Tomate
trinken
die Tür

A B C D E F G H I J K L M N O P Qu R S T U V W X Y Z

U u

die **Uhr**

und

der **Urlaub**

V v

der **Vater**

verkaufen

viel

der **Vogel**

W w

der **Wald**

der **Weg**

die **Wiese**

die **Wolke**

die **Wurzel**

X x

Y y

Z z

der **Zaun**

das **Zebra**

die **Ziege**

der **Zug**

zwei

A B C D E F G H I J K L M N O P Qu R S T U V W X Y Z

Das kann ich jetzt

Datum: ______________

Ich kann Wörter oder Sätze aus diesem Heft abschreiben:

Ich kann Wörter in der Wörterliste finden:

Fenster, Seite 2

Datum: ____________________

Ich kann Wörter mit **St/st** und **Sp/sp** schreiben:

Stift

spitz

Ich kann Wörter mit **ie** schreiben:

Riese

biegen

Ich kann Nomen großschreiben:

Blume

Mama